DISCOURS

PRONONCÉ SUR LA TOMBE DE CARNOT

PAR LE

COMMANDANT DU GÉNIE PEYRE

DEVANT LES OFFICIERS FRANÇAIS

Prisonniers de Guerre

EN RÉSIDENCE A MAGDEBOURG

---

9 MARS 1871

PRÉFACE PAR ROMUALD BRUNET

PARIS

F. ROY, ÉDITEUR,

222, BOULEVARD SAINT-GERMAIN, 222.

1888

DISCOURS

PRONONCÉ SUR LA TOMBE DE CARNOT

A MAGDEBOURG

LE GRAND CARNOT A LA BATAILLE DE WATTIGNIES

DISCOURS

PRONONCÉ SUR LA TOMBE DE CARNOT

PAR LE

COMMANDANT DU GÉNIE PEYRE

DEVANT LES OFFICIERS FRANÇAIS

Prisonniers de Guerre

EN RÉSIDENCE A MAGDEBOURG

9 MARS 1871

PRÉFACE PAR ROMUALD BRUNET

PARIS

F. ROY, ÉDITEUR,

222, BOULEVARD SAINT-GERMAIN, 222

—

1888

PRÉFACE

> Les grands serviteurs de la Patrie ne meurent jamais, ils vivent dans la mémoire de leurs concitoyens.

Le but de cette publication vraiment nationale est de perpétuer davantage, si possible, le souvenir d'un grand serviteur, dont s'honore à juste titre la France.

Il est utile aussi, croyons-nous, d'offrir aux regards de grands exemples à suivre, un noble dévouement à imiter, des lauriers immortels à cueillir.

Déjà, nos grands historiens ont raconté en détail la vie de CARNOT, mais aucun n'a parlé encore de la touchante manifestation dont sa mémoire a été l'objet, il y a quelques années.

Le discours, prononcé sur la tombe de Carnot, le 9 mars 1871, par le commandant du génie de Péronne, devant les officiers prisonniers de guerre en résidence à Magdebourg, est une œuvre saisissante, d'un rare mérite, qu'on ne saurait trop méditer.

Ce discours, soutenu d'une action noble et touchante, le premier qu'on eût entendu sur la tombe de Carnot, et qui approcha du sublime, produisit une émotion bien facile à comprendre, surtout après les incidents de la longue et douloureuse campagne, les courts enthousiasmes, les grands désespoirs, notre immense espérance en l'avenir.

L'orateur certes ne s'était jamais donné aux oraisons, genre d'éloquence qui demande d'abord de l'imagination et une grandeur magistrale pour captiver l'auditoire, ensuite quelques emprunts discrets à la poésie, quand on aspire à l'idéal. Le succès fut tel que l'orateur dut s'arrêter plusieurs fois, car sa voix était étouffée par les soupirs et par les pleurs des assistants.

On fut étonné de cette force grandiose dont il se sert pour retracer la vie du grand homme de guerre, et de ces traits rapides d'une vérité énergique dont il peint nos douleurs et nos espérances. L'inspiration de l'orateur fut vraiment à la hauteur du devoir qu'il avait à remplir.

Carnot avait embrassé les principes de la Révolution avec l'enthousiasme d'un cœur généreux et droit, désireux de donner à la nation les réformes tant réclamées et soucieux avant tout de l'ordre et de la légalité. Son ardent patriotisme, la supériorité de ses vues, l'étendue de ses connaissances, enfin sa sagesse lui assurèrent à bon droit une grande autorité.

La nation française, malgré ses principes de n'entreprendre aucune guerre dans la vue de faire des conquêtes et de n'employer jamais ses forces contre la liberté d'aucun peuple, fut obligée de prendre les armes pour la défense de sa liberté et de son indépendance.

La grandeur et l'imminence du péril, loin de troubler Carnot, lui permirent de déployer une admirable activité pour organiser la défense, lorsqu'il fut chargé du personnel et du mouvement des armées. La situation était terrible pour la France: soixante départements menacés par l'invasion ou la guerre civile! Carnot fut le sauveur du pays, car il sut seul communiquer à ces armées de la République, le sentiment de leur force, les lancer sur le chemin du triomphe, tracer les plans de campagne, enfin *organiser la victoire*, suivant une expression du temps.

Carnot n'était point seulement un grand capitaine, c'était encore un vaillant soldat. A Wattignies, par exemple, il s'élance, un fusil à la main, à la tête d'une colonne, culbute les Autrichiens et s'empare de la position. Après la victoire, il revient prendre modestement, au sein du comité militaire, la direction de ses immenses travaux.

L'ennemi chassé du territoire, nos armées organisées, la France victorieuse de toutes parts, Carnot se retira dans la retraite, malgré les pressantes sollicitations de Napoléon qui lui dit un jour : « Monsieur Carnot, tout ce que vous voudrez, quand vous voudrez, et comme vous voudrez. » Quand vint l'heure des revers, Carnot, quoique sexagénaire, offrit ses services à l'empereur. Ce fut pour lui une nouvelle occasion d'être utile à la France et aussi de donner quelques précieux conseils, qui malheureusement ne furent point suivis. « Carnot, lui dit l'empereur, après sa seconde chute, au moment de son dernier départ, Carnot, je vous ai connu trop tard ! »

Ainsi l'avait décidé le destin, hélas ! Carnot fut impuissant à arrêter le cours des événements. Victime lui-même des passions politiques, il fut proscrit. Après avoir erré quelque temps en pays étranger, il se fixa à Magdebourg où il mourut le 2 août 1823. Sa dernière pensée fut pour la France qui perdait dans ce jour néfaste un grand serviteur.

On comprend dès lors le pieux pèlerinage des officiers prisonniers de guerre à Magdebourg en

1871, et l'inspiration vraiment sublime qu'eut celui chargé de parler au nom de tous.

Depuis, le crépitement de la fusillade a cessé..... la voix du canon s'est tue..... la France s'est relevée de ses désastres..... Mais le feu couve, peut-être, sous la cendre, pour éclater soudain en flammes éclatantes ! N'importe d'où vienne le danger ! Soyons prêts ! A nous, de vivre dans le souvenir de nos héros, à nous de célébrer les beaux faits d'armes et les glorieuses vies de nos enfants, à nous de rappeler à nos contemporains ceux qui, guidés par l'honneur, ont sacrifié leur existence au salut du pays, à nous de travailler sans cesse au développement de nos forces nationales, vivifiés toujours par une sève intarissable : l'amour de la patrie ! Si nous voulons conserver intact l'héritage de nos aïeux : la France grande et prospère !

Le discours prononcé sur la tombe de l'illustre proscrit est non seulement une œuvre d'une rare éloquence, mais encore un précieux enseignement dont nous devons tous profiter. L'orateur, en rappelant cette belle vie, a eu le noble dessein d'acquitter en partie une dette nationale, de proclamer hautement la reconnaissance publique, de témoigner d'une manière toute particulière l'admiration universelle et d'associer, enfin, à l'immortalité de Carnot, tous ceux qui sont prêts à combattre et à mourir pour la défense de la patrie. Il a fait œuvre patriotique, et nous lui en sommes reconnaissants.

Dix-sept années se sont écoulées ; la France a recouvré sa force et son prestige ; fière et heureuse, elle se repose sur la puissance de son armée, sur le dévouement de ses enfants, qui, pareils aux Gaulois leurs ancêtres, ne craignent sur terre que la chute du ciel. Devant le péril, la France n'aurait qu'une âme ! Avec la triple autorité du savoir, de l'éloquence et du patriotisme, nos historiens, nos philosophes, nos poètes, nos orateurs consacrent leur intelligence à la grandeur de la patrie et secondent ainsi par leurs efforts celui qui préside aux destinées de la France : le petit-fils du grand Carnot.

Romuald BRUNET.

DISCOURS

DISCOURS[1]

PRONONCÉ SUR LA TOMBE DE CARNOT

Par

Le commandant du génie Peyre devant les officiers français prisonniers de guerre à Magdebourg.

Le 9 Mars 1871.

MESSIEURS,

Lorsque, inspirés par un généreux sentiment, vous avez formé le dessein de ne pas quitter ce pays sans y laisser un témoignage durable de vos sympathies et de vos regrets, pour ceux des défenseurs de la patrie que la mort a frappés sur la terre de captivité, vous avez aussi pensé que ce serait ajouter un nouveau degré d'intérêt et de grandeur à la cérémonie par laquelle vous vouliez consacrer le modeste monument élevé à leur mémoire, que de leur associer dans ce pieux hommage l'homme illustre dont le cœur n'a aussi battu que pour la patrie, et dont la ville de Magdebourg a recueilli et conserve avec respect les

---

(1) Ce discours a été remis, le 6 février 1888, à M. Sadi Carnot, Président de la République, par M. le général Henrion Bertier, président de la Société fraternelle des officiers en retraite, membres de la Légion d'honneur, et par M. Romuald Brunet, officier de chasseurs aux escadrons territoriaux du 3e corps.

dépouilles. Il semble, en effet, que ce soit glorifier ces morts obscurs, que de les associer à la gloire, de les placer en quelque sorte sous le patronnage immortel du grand citoyen dont s'enorgueillit, avec juste raison, l'histoire de notre pays. Et c'est pour cela que, dans ce même jour, vous êtes venus aussi déposer des couronnes sur cette tombe.

Tout le monde connaît Carnot et le rôle qu'il a joué dans ces temps douloureux et glorieux de notre histoire, où la France a payé par de si cruels sacrifices la conquête des droits jusqu'alors méconnus que doit avoir tout homme à la possession de lui-même. Tout le monde sait la part qu'il a prise aux efforts immenses faits par la génération de son temps, pour affermir chez elle d'abord, et reprendre bientôt après au dehors, ces idées d'émancipation et de liberté que l'on retrouve aujourd'hui, plus ou moins profondément implantées dans les lois de tous les peuples. Vous me permettrez cependant de revenir ici sur les traits principaux de cette noble vie.

Nous trouvons pour la première fois Carnot se mêlant, avec un mandat public, aux affaires politiques de son pays, seulement en 1791 à l'Assemblée législative où il fut envoyé par le département du Pas-de-Calais. Mais il s'était déjà fait un nom par des travaux remarquables dans les sciences, et aussi par un éloge de Vauban qui montrait en lui des aptitudes littéraires fort distinguées. Ce ne furent pas là cependant les titres qui lui attirèrent les sympathies des électeurs du Pas-de-Calais. Mais nourri des doctrines philosophiques du dix-huitième siècle, pénétré des abus d'une société qui rangeait les hommes en deux classes, dont une, très peu nombreuse, avait tous les privilèges, tandis qu'à l'autre, les petits, la nation tout entière pourrait-on dire, incombaient toutes les charges, d'où, pour le plus grand nombre, une affreuse misère, Carnot s'était élevé en diverses occasions publiquement et avec grande force, contre les vices d'un pareil ordre social. Et, pour prendre, parmi ces abus, celui qui doit toucher tout particulièrement des auditeurs tels que vous, je rappellerai que, précisément dans ces années voisines de 89, au rebours des idées du siècle de Louis XIV où l'on avait vu des roturiers admis aux grades les plus élevés de l'armée, et pour ne citer que les plus saillants, le bâton de maréchal conféré à Fabert et à Catinat; en contradiction même avec une ordonnance de Richelieu qui admettait tous les Français à l'avancement militaire le plus élevé, de nouveaux règlements venaient d'interdire le grade de capitaine aux officiers qui ne pouvaient justifier de quatre quartiers de noblesse, cent ans de noblesse, et toute épaulette sans exception à quiconque n'était pas gentilhomme ou fils d'un chevalier de Saint-Louis. Lui-même, malgré des examens où il avait fait preuve de connaissances mathématiques peu communes, n'avait pu être admis à l'école de Mézières où il ne s'était présenté qu'après avoir fourni la preuve que son père n'avait été ni commerçant, ni industriel, qu'il ne s'était, en un mot, livré à aucune de ces occupations utiles qui ont bien pourtant quelque mérite, puisqu'elles font le bien-être et la prospérité des peuples. On faisait de même pour le haut clergé, pour la haute magistrature d'où la vile bourgeoisie était exclue, malgré les situations les plus honorablement acquises, malgré les talents les mieux reconnus.

Nous avons peine à comprendre ces choses, nous les fils de cette génération de libérateurs. Mais, voyant l'intervalle qui nous sépare de ces temps d'oppression et d'iniquité, comparant les abus dans lesquels gémissait la grande masse de la population, aux droits, aux sentiments nouveaux qui firent une une seconde âme à la France régénérée, et dont seuls en Europe, et peut-être pour longtemps encore, avons la jouissance étendue, que nos cœurs s'élèvent à la reconnaissance vers ces athlètes puissants, vers ces hommes souverainement dévoués, qui ont payé la plupart de leur vie les bienfaits qu'ils nous ont légués.

Ce sont donc les opinions connues de Carnot qui lui ouvrirent les portes de l'assemblée appelée à remplacer la Constituante.

Carnot avait alors 38 ans. Son intelligence, cultivée dès son jeune âge avec un soin jamais interrompu, fortifiée dès l'âge de raison par les études et les travaux les plus sérieux, était alors dans toute sa puissance. Animé d'ailleurs de la passion du bien public, ardent pour toutes les innovations qui promettaient au peuple un plus heureux avenir, il ne tarda pas à prendre dans l'assemblée une position importante. Dès les premiers temps, on le voit, en effet, faire partie de trois comités : instruction publique, affaires diplomatiques, et comité de la guerre. Je n'ai sans doute pas besoin de vous dire que c'est à ce dernier qu'il apporta son concours le plus assidu. Ce concours devint à peu près exclusif, lorsque l'Europe tout entière ou plutôt les princes qui la gouvernaient, troublés dans leur sécurité, par les mouvements tumultueux de la nation initiatrice, songèrent à venir jusque dans son sein étouffer ces idées généreuses qui, en pénétrant au milieu de leurs populations, pouvaient les jeter dans des aspirations si différentes des principes par lesquels ils les avaient régies jusque-là.

Carnot, ce qui vous surprendra peut-être, ne fut à aucune époque ami de la guerre. Il déplorait ses excès même jeune officier, lorsqu'il ne pouvait attendre que d'elle sa fortune. Mais à ce moment solennel, il sentait qu'entre le monde ancien et le monde nouveau, entre l'Europe, le droit divin et la France régénérée, le choc était inévitable. Et dès lors il s'adonna tout entier aux mesures qui devaient assurer nos succès.

Ce que fit sa prodigieuse activité pour réparer nos premiers revers, et ramener sous nos drapeaux la victoire, je ne puis l'indiquer ici que d'une façon très sommaire.

L'Europe envoyait contre nous des armées parfaitement instruites et disciplinées, les meilleures qui eussent jamais paru sur ses champs de bataille.

Et nous n'avions à leur opposer que de jeunes enrôlés, pleins d'ardeur il est vrai, mais peu disciplinés, à peine équipés, sans officiers pour les former et les instruire. Chez nous, en outre des divisions intérieures épouvantables, la guerre civile dans plusieurs provinces. Et de cet état de choses il arrivait qu'au mois d'août 1793, la France se trouvait dans la terrible situation que voici :

Les débris de l'armée de Dumouriez, passé à l'ennemi, repoussés de position en position; Condé, Valenciennes, Mayence au nord, ouvraient leurs portes aux Allemands et aux Anglais; Bellegarde au midi, aux Espagnols; Toulon recevait une escadre anglaise; Caen, Bordeaux, Lyon, Marseille se séparaient violemment du gouvernement. En un mot, la France semblait sur le point de tomber. Que fit Carnot dans ce moment? Muni d'un décret de la Convention, il fit sortir des flancs de la nation quatorze armées, ensemble plus d'un million d'hommes, leur donna des chefs dont quelques-uns ont pris rang dans l'histoire, parmi nos plus habiles généraux; les nourrit, les équipa, les arma; faisant des canons avec les cloches des couvents et des églises, de la poudre avec le salpêtre des caves; établissant, pour la fabrication des fusils, des ateliers d'armuriers dans les promenades et places publiques; 140 forges sur l'esplanade des Invalides, 54 dans le jardin du Luxembourg, 64 sur une autre place, voulant, dit un rapporteur à la Convention, stimuler le peuple par ce spectacle, en même temps que lui donner confiance dans ses ressources. Et de ces efforts prodigieux, des moyens employés pour mettre en mouvement ces forces immenses, qui sont, dit un historien, la conception la plus étonnante que nous eût transmise jusque-là l'histoire des nations, il résulta que tandis que la Convention avait trouvé l'ennemi à 30 lieues de Paris, elle put, à la fin de la guerre, aller conclure la paix à 30 lieues de Vienne.

Il est vrai que dans ce temps, l'art de la destruction, très éloigné de la perfection qu'il doit à la science moderne, n'avait mis aux mains des armées que des engins lançant la mort à des distances relativement peu considérables, et que nos pères, plus heureux que nous, purent mettre à profit cette bouillante ardeur du sang français qui rend nos soldats irrésistibles, lorsque entraînés par un vif sentiment, ils abordent de près l'ennemi. Ils se battaient dans ces conditions aujourd'hui perdues, où, avec des troupes peu faites aux épreuves de la guerre, la valeur pouvait suppléer l'expérience, et l'enthousiasme avoir raison de la force.

Carnot seul pendant ce temps porta le poids de ces événements. Il écrivait lui-même, de sa main, aux généraux, leur donnant des ordres détaillés où toutes les éventualités étaient prévues; stimulant, encourageant, rudoyant, félicitant; suggérant à l'un, proposant à l'autre, prescrivant à un troisième, suivant le caractère, la capacité, le tempérament des chefs auxquels il s'adressait.

Quelques-unes de ses instructions, celles surtout relatives à l'expédition d'où sortit la conquête de la Hollande, semblent être, tant elles sont concordantes avec les faits accomplis, le compte rendu anticipé de ces mêmes faits.

Un écrivain allemand, faisant cette observation, ajoute : « Si la clarté et la précision de ses instructions méritent d'être citées en modèles et témoignent d'une connaissance parfaite de l'armée du Nord, de sa position, de ses moyens, en même temps qu'elles accusent le coup d'œil des grands hommes de guerre, il est juste de rappeler que Carnot avait visité personnellement cette armée quelques mois auparavant. »

Ainsi faisait-il, en effet, toutes les fois que son intervention personnelle pouvait être utile, soit qu'il fallût, comme à l'armée du Rhin, affermir dans le cœur des soldats les sentiments du patriotisme ébranlés par la défection des chefs, ou, à l'armée des Pyrénées, organiser des forces désordonnées, veiller au recrutement, assurer les subsistances, réparer les fortifications. Souvent ailleurs, pour stimuler, je ne dirai pas le courage de nos généraux, mais leur audace, cette audace proclamée à la tribune de la Convention comme le grand moyen de sauver la révolution en Europe, et les forcer par là à la victoire.

Les faits de cette dernière sorte, les faits d'audace qui nous valent des victoires, sont nombreux, dans les guerres de ce temps, de la part des représentants envoyés par la Convention aux armées. Mais aucun ne fut remarquable par ses résultats, comme la bataille de Wattignies, dont Carnot fut le héros.

Et, pour cette raison, je vous demanderai à m'y arrêter un moment.

Le prince de Cobourg, avec 60,000 hommes, assiégeait Maubeuge, dont la chute ouvrait aux Autrichiens le chemin de Paris. Nous n'avions à lui opposer qu'une armée inférieure en nombre, où se trouvait en outre une assez forte proportion de nouvelles levées imparfaitement organisées. Le prince occupait des hauteurs hérissées de canons et avait encore eu le soin d'accumuler autour tous les moyens de défense qu'enseigne l'art de la fortification en campagne. Attaquer l'ennemi dans cette position paraissait une chose si difficile, si chanceuse, que Jourdan, qui commandait, hésitait à prendre une telle responsabilité. Cependant délivrer Maubeuge était une question de vie ou de mort pour la République. Que fait alors Carnot? Il part sans même prendre le temps d'aller dire adieu à sa famille, arrive à l'armée, voit les généraux; en quelques heures tout est concerté, disposé. La bataille s'engage le lendemain à sept heures. On se bat toute la journée, et nos jeunes recrues avec un acharnement dont on avait rarement vu pareil exemple.

La position est si hérissée d'obstacles et, de plus, défendue par une artillerie si formidable, qu'à la fin de la journée la droite seule avait gagné un peu de terrain.

Mais la gauche, dont les jeunes troupes avaient été imprudemment aventurées après un premier succès, fut vivement ramenée par la cavalerie autrichienne, perdit du terrain, et même abandonna quelques canons à l'ennemi.

La première pensée de Jourdan et des autres généraux fut de renforcer l'aile gauche, la vieille tactique le voulait ainsi, disait-on, en vue de rétablir l'équilibre dans la situation de l'armée. Carnot, au contraire, soutint qu'il fallait concentrer nos efforts sur la droite déjà en voie de succès, et forcer par là, les lignes ennemies : « Qu'importe par quel côté nous entrerons, dit-il, pourvu que nous entrions, » et comme le conseil hésitait : « Je réponds de tout, s'écria-t-il, et je me charge de l'exécution. »

Le prince de Cobourg, qui nous croyait dans l'ancienne disposition, n'avait rien changé à la sienne. On le maintint dans ces illusions en feignant de renouveler la tentative de la veille. Il convient encore d'ajouter qu'un brouillard épais, phénomène fréquent dans cette saison (mois d'octobre) favorise notre manœuvre. Le soleil se lève et la lutte recommence acharnée comme la veille. Les Autrichiens résistent vaillamment; devant le feu de leurs batteries, une de nos colonnes faiblit, et, attaquée par les cavaliers impériaux, commence à se débander. Carnot, voyant ce désordre, s'élance vers la troupe en fuite, la rallie, la forme en bataille sur un plateau élevé, destitue devant toute l'armée le chef qui venait de reculer devant l'ennemi, et lui-même prenant le fusil d'un grenadier blessé, se met à sa tête, l'entraîne, et, par une charge à la baïonnette à laquelle rien ne résiste, entre dans le village de Watignies, clef de la position, et s'y maintient.

Le soir même, le prince de Cobourg, ne voulant pas s'exposer à un nouveau choc de ces soldats que dans son bulletin il qualifiait d'enragés, prit le parti de se retirer, et Maubeuge fut débloqué.

Le prince avait dit pourtant en présence de son état-major, voulant exprimer par là de la façon la plus incisive la confiance qu'il avait dans la solidité de ses troupes, ainsi que dans la forte position qu'elles occupaient : « Les républicains sont de vaillants soldats, mais, s'ils me délogent d'ici, je consens à me faire républicain moi-même, » propos qu'il ne s'empressa pas de réaliser.

Et je dois ajouter, pour couronner les appréciations

que l'histoire a faites de ces journées, que Napoléon, un jour, au conseil d'état, parlant de la bataille de Wattignies, l'appela « le plus beau fait d'armes de la révolution ». Puis il ajouta : « Savez-vous, messieurs, qui a fait cela? c'est Carnot. »

Une année plus tard, sa mission finie, Carnot rentré au sein de l'assemblée, et lui posant les résultats de la guerre qu'il venait de conduire, put annoncer :

27 victoires dont 8 en bataille rangée;

120 combats de moindre importance;

116 places fortes ou villes importantes prises, dont 36 après siège ou blocus;

80,000 ennemis tués;

90,000 prisonniers;

3,800 canons, etc., etc.

Résultat prodigieux pour l'époque, qui fit dire à un grand orateur anglais « que l'on cherche une campagne semblable dans les annales de l'Europe », et plus tard, à la tribune nationale, ce mot que l'histoire a ratifié « Carnot a organisé la victoire ».

Oui, messieurs, Carnot avait organisé la victoire. Mais vous avez vu par quels efforts surhumains, par quelle activité de corps et d'esprit, par quels soins incessants donnés aux affaires militaires. Et, quel que fût son génie, quelle que fût son aptitude pour ces sortes de travaux, vous admettrez sans peine, que la tâche immense qu'il avait assumée, ait absorbé, dans ce temps, tout ce que Dieu lui avait donné de forces à consacrer à la chose publique. On ne voit, en effet, Carnot que rarement aux réunions générales du comité. Il y assistait pourtant quelquefois. Mais alors c'était toujours pour recommander l'indulgence envers les personnes, disant : « La voie de la persuasion et des lumières est partout préférable à la violence. » On n'a pas de lui un seul acte d'accusation contre nos généraux. « Un revers n'est pas crime, écrivait-il à l'un d'eux, lorsqu'on a tout fait pour mériter la victoire. Ce n'est pas par les événements que nous jugeons les hommes, mais par leurs efforts et leur courage. Nous aimons qu'on ne désespère pas du salut de la patrie. » Et il ne manque pas une seule occasion de prendre la défense de ceux que leurs malheurs à la guerre exposaient aux accusations sans examen de l'exaltation populaire.

Ceci répond aux calomnies dont, aux époques malheureuses de nos réactions politiques, on a cherché à ternir la gloire de Carnot en l'accusant d'avoir pris part, en les approuvant, aux excès qui, dans ce temps, souillèrent les annales de notre pays. La lumière est faite aujourd'hui sur ce point. Et l'on trouve même des écrits royalistes où il est dit que Carnot, au comité du salut public, avait plus sauvé de personnes que ses collègues n'en avaient immolées. Et, une preuve plus manifeste encore de ses luttes au sein du comité contre les mesures violentes de ses collègues, ce sont les accusations de modérantisme portées devant la convention, par Saint-Just, à l'époque du coup d'état contre les Girondins, renouvelées encore le 9 thermidor, où il l'avait compris dans l'acte par lequel il demandait à l'assemblée le sacrifice de ceux de ses membres qui gênaient les vues ambitieuses de Robespierre, disant à Carnot lui-même, pendant que, sur une table isolée, il rédigeait son travail : « Tu n'y es pas oublié, Carnot, et tu t'y verras traité de main de maître. »

La modération était, en effet, après le patriotisme, la qualité dominante du caractère de Carnot. Et un de ses biographes a pu écrire, sans être contredit, qu'on ne le vit jamais chercher à faire prévaloir ses opinions et ses principes, par des moyens que l'honneur, la justice et la probité n'eussent point avoués. « Il n'est qu'une ligne droite dans la nature, disait Carnot; il en est mille de tortueuses, » et il n'a jamais suivi que la ligne droite. Du reste, sa modération et sa fermeté furent tellement appréciées par toute la France, qu'aux élections pour la législative qui remplaça la Convention nationale, il fut élu par quatorze départements.

Mais j'arrête ici cette digression, pourtant nécessaire, pour reprendre la ligne particulière de cette carrière aux voies multiples, dans laquelle je veux restreindre ce que je me suis proposé de vous dire sur ce grand homme, la ligne purement militaire.

Peu de temps après les événements que je viens de raconter, la mission de Carnot au sein du comité du salut public étant terminée, l'administration militaire passa en d'autres mains. Et si l'on pouvait douter de quel poids avaient été dans la conduite de la guerre la direction et l'impulsion imprimées par Carnot, on n'aurait qu'à regarder ce qui se passa après sa retraite.

On voit, en effet, presque partout, les ressorts se détendre, le découragement s'emparer des esprits, la victoire abandonner nos drapeaux, les revers se succéder comme précédemment les triomphes et seulement la situation se rétablir lorsque, remis à la tête des affaires comme membre du directoire exécutif, il prit de nouveau la charge de diriger nos armées.

Ces nouveaux services n'empêcheront pas cependant qu'il ne fût compris, toujours à cause de sa modération, dans les proscriptions qui suivirent le coup d'état du 18 fructidor, et condamné à la déportation. Mais il parvint à s'échapper au moment où les agents de Barras entraient dans sa chambre pour l'arrêter. Après des péripéties que je me dispense de vous raconter, il put se sauver en Suisse, d'où il passa en Allemagne, cachant son nom, changeant de résidence, toujours dans la crainte d'être découvert et livré à ses ennemis.

Il fut seulement rendu à son pays par Bonaparte, lorsque à son retour d'Égypte balayant, le 18 brumaire, l'échafaudage pourri du Directoire et nommé consul, il songea à constituer un gouvernement fort et éclairé. Carnot, nommé d'abord à la place de premier inspecteur aux revues, fut bientôt après sollicité pour le ministère de la guerre qui était en complète désorganisation. Devant la tâche énorme qu'il voyait devant lui, pour mettre les choses en ordre, il hésita un moment. Mais l'ennemi était de nouveau à nos portes; son patriotisme lui fit un devoir d'accepter. Vous savez ce qui suivit. Marengo et Hohenlinden rendirent dans l'année même, à nos armes, la supériorité qu'elles avaient perdue. Mais dès lors l'indépendance du pays se trouvant de nouveau assurée, Carnot, toujours peu ambitieux pour lui-même, demanda à quitter son poste où son inflexible probité lui suscitait d'ailleurs avec ses collègues des querelles sans nombre. Il voyait aussi l'avenir, et ne voulait pas paraître complice des changements qui se préparaient dans la forme du gouvernement. Sa démission plusieurs fois offerte, ayant été enfin acceptée, il se retira à Saint-Ouen, chez les parents de sa femme, partageant son temps entre ses travaux scientifiques, quelques distractions littéraires et l'éducation de ses enfants.

Après avoir disposé ainsi que vous avez vu de toutes les richesses de l'état, de tous les emplois, de tous les hommes, il se retirait avec sa modique fortune patrimoniale diminuée et le grade de chef de bataillon du génie gagné à l'ancienneté.

De tous les temps et encore hier, les habiles et les roués qui ne voient dans la politique que l'art de gouverner les peuples par des moyens plus ou moins tortueux, ont qualifié de niais quiconque prend pour règle dans la conduite des hommes, l'honnête et le juste. Dans un pamphlet présenté sous le titre pompeux de *rapport officiel* aux Cinq-cents, sur les affaires de fructidor, les honnêtes victimes du coup d'état furent même plus durement traitées, car on les qualifia de stupides. Carnot n'eut pas de peine à réduire à néant, lorsqu'elles se produisirent, les accusations articulées contre lui. Mais, profondément blessé de l'épithète, il ajouta dans sa réponse cette phrase dont vous apprécierez la juste fierté, maintenant que vous connaissez le désintéressement de son patriotisme : « Oui, le stupide Aristide est chassé de son pays. Le stupide Socrate boit la ciguë. Le stupide Caton est réduit à se donner la mort. Le stupide Cicéron est assassiné par l'ordre des triumvirs. Oui, le stupide Phocion aussi est envoyé au supplice ;

mais glorieux de subir le sort réservé de tout temps à ceux qui savent bien servir leur pays. »

Cependant un nouvel appel fait à son dévouement vient encore l'arracher à sa vie paisible.

Porté sur la liste nationale par les électeurs du Pas-de-Calais, il fut choisi par le Sénat pour faire partie du Tribunat. Il accepta. Mais il ne parut dans cette assemblée que pour faire en toute circonstance l'opposition la plus vive à toutes les mesures qui préparaient le retour à la monarchie ; s'élevant avec force contre l'érection du consulat à vie, et surtout avec la plus grande énergie contre l'établissement de l'Empire.

La chute du Tribunat suivit de près, comme vous savez, celle de la République.

Mais Carnot n'en éprouva pas le moindre regret.

Il entra, au contraire, avec joie dans la vie privée. Il a dit lui-même qu'il allait s'occuper de sciences qui étaient sa vraie vocation et de soins donnés à ses enfants, le temps le plus heureux de sa vie. A partir de ce moment, il fut un des membres les plus assidus, les plus laborieux de l'Institut où il lut un grand nombre de mémoires et de rapports. C'est aussi dans ce temps qu'il composa son *Traité de la défense des places*, qui devint bientôt un ouvrage classique dans toute l'Europe, et en particulier dans le corps des ingénieurs allemands qui prennent tous les jours dans ce livre les inspirations qui les guident dans la construction des places fortes.

Carnot vécut ainsi dans la retraite pendant les années prospères de l'Empire, et cela malgré les avances de Napoléon qui, pénétré de son immense mérite, aurait été heureux de le rallier, lui disant, un jour, de le visiter aux Tuileries, au temps de sa plus grande puissance (1810), après que, l'ayant entraîné dans son cabinet, il le reconduisait jusqu'à la porte du solon d'attente, et en appuyant sur les mots de manière à être entendu : « Monsieur Carnot, tout ce que vous voudrez, quand vous voudrez et comme vous voudrez. »

Mais, lorsque sur la France épuisée par ses propres victoires, fondirent de nouveau les revers, Carnot, dans ses angoisses, surmontant la répugnance qui l'éloignait d'un gouvernement contraire aux opinions de toute sa vie, écrivit à l'Empereur pour lui offrir ses services.

L'Empereur s'empressa d'accepter et le nomma gouverneur d'Anvers, l'une des clefs de l'Empire, que l'Empereur regardait comme la première place de France.

La défense d'Anvers fut un drame rempli d'incidents du plus vif intérêt, mais sur lesquels je suis obligé de passer, m'étant déjà trop étendu, peut-être, sur le sujet de ce discours, subjugué par l'attrait que m'inspire l'étude de cette grande figure. Je me contenterai donc de vous rappeler que Carnot ne rendit la place que sur l'ordre du gouvernement définitivement constitué qui succéda à l'Empire.

Au retour de l'île d'Elbe, et lorsque les serviteurs les plus empressés du temps de sa puissance faisaient des difficultés pour apporter leur concours à Napoléon, Carnot, toujours fidèle à ses principes d'attachement exclusif à la fortune de la France, disposé à se perdre avec elle si elle devait être perdue, accepta sans hésitation le portefeuille de l'intérieur qu'il savait refusé par d'autres.

Pour lui, Napoléon, c'était l'indépendance de la patrie.

C'était encore la sauvegarde des conquêtes libérales de 89. Mais la situation ne pouvait être sauvée. Et, lorsque devant ses ministres et malgré les adjurations de Carnot, qui conservait encore des espérances, l'Empereur dicta son abdication, on vit Carnot incliner la tête ne pouvant retenir une larme. Cette larme n'était pas pour l'homme, mais pour la France qu'il entraînait dans sa chute.

Peu de jours après, Carnot était sous le coup d'une proscription et obligé de quitter la France.

Il se rendit d'abord à Varsovie où il se vit, dès son arrivée, l'objet de l'empressement le plus cordial de la part de tout ce qu'il y avait de plus élevé dans la cité, en particulier du grand duc Constantin, qui le traitait avec les plus grands égards.

Mais ces relations mêmes l'obligeaient à des dépenses que sa modique fortune, malgré l'ordre le plus extrême, ne pouvait supporter.

Il quitta donc ses chaleureux amis les Polonais pour passer en Prusse et vint se fixer à Magdebourg où il se vit aussi, dès les premiers jours, entouré de respect, d'attentions et de prévenances. Pas une fête, dit son fils dans les mémoires qu'il a publiés sur son père, pas une fête où il ne fût invité, pas une réunion où on ne cherchât à l'attirer. Chaque fois qu'un personnage important dans l'état devenait l'objet d'une réception, la place d'honneur à son côté était offerte à Carnot. Il vécut ainsi heureux autant qu'il pouvait l'être, loin de son pays qu'il avait tant aimé, jusqu'aux premiers jours du mois d'août 1823, où il rendit à Dieu, dont ses croyances ne l'avaient jamais séparé, sa grande âme.

Le 5 août à minuit, son corps fut conduit aux flambeaux sur un char funèbre, à l'église Saint-Jean, et déposé dans un caveau. Il en fut retiré quelques années après et tranféré dans ce cimetière, déposé sous cette modeste pierre autour de laquelle nous sommes en ce moment réunis.

Je pourrais clore ici, messieurs, ce que j'avais à vous dire sur le grand homme dont nous sommes venus honorer la mémoire. Mais je ne puis résister et vous me saurez gré, j'en suis sûr, d'avoir cédé à cette impression, je ne puis résister au désir d'ajouter quelques traits, comme parfait résumé de ce que je viens de vous raconter, pris dans le portrait moral qu'a tracé de Carnot, dans ce temps-là, un Allemand qui l'avait connu pendant ses dernières années.

« Après avoir étudié sa vie, dit notre biographe, voici l'idée que l'on prend de son caractère :

« Carnot est un homme juste et vertueux, simple, modéré dans ses besoins personnels, grand, sublime dans ses conceptions pour la gloire de sa patrie, amant idolâtre de la liberté, mais citoyen soumis aux lois; ami des plaisirs avoués par le sage, il est infatigable et plein d'ordre dans les affaires; d'une justice exacte, sans s'occuper de personnes; désintéressé jusqu'au scrupule, n'ayant d'autre pensée que celle du bien public; audacieux dans la guerre, courageux avec sang-froid, doué d'une admirable présence d'esprit. Comme César, il oublia les outrages; mais on ne le vit jamais perdre de vue l'homme qui lui avait rendu service. Tout désir de fortune et de puissance lui était étranger. La loyauté la plus délicate a pris naissance dans son âme. La feinte et l'orgueil ne lui furent jamais connus que de nom. Modeste dans la prospérité, il se montra inébranlable dans les revers. Son ambition est pure. Elle ennoblit tous les degrés de l'échelle qu'il monta et descendit tour à tour. Doué d'un sens exquis pour l'honneur, il n'en a point pour les honneurs. Les dignités ont moins versé d'éclat sur lui qu'il n'en a versé sur elles. Après avoir occupé les positions les plus élevées, nous le voyons, dépouillé de toutes ses dignités, proscrit et jouissant d'une fortune extrèmement bornée, nous le voyons, dis-je, l'objet de l'estime et de l'admiration de tous les hommes éclairés, de tous les amis de la gloire et de la vertu, des sciences et de la liberté, l'objet des regrets et du juste orgueil de sa patrie. »

Et en finissant, messieurs, je vous demanderai à ajouter encore un mot pour vous dire quelles raisons, sur l'invitation de quelques camarades, m'ont décidé à prendre la parole dans cette circonstance. Ce n'est pas sans hésitation que je l'ai fait. Parler de Carnot c'était réveiller un passé glorieux, c'était parler de victoires. Eh! le moment est-il bien choisi pour nous de rappeler ce que nous avons fait de grand dans le passé, lorsque notre patrie est sous le coup des désastres les plus terribles qui aient en aucun temps affligé son histoire. Mais après réflexion, je me suis dit que, quelque dure que soit la loi que vous impose un vainqueur sans pitié, la patrie n'est pas encore morte ni sur le point de mourir. Je ne suis pas de ceux qui croient qu'il en est des états comme des individus, et que, comme l'homme qui a un commencement, une apogée et une fin, les états aussi, lorsqu'ils sont arrivés au sommet de la gloire et de la civilisation, doivent fatalement décliner et mourir.

Non! non!!! les générations de la France sont toujours jeunes. Et le sang qui coule dans leurs veines vient des mêmes sources que celui qui fit les Gaulois vainqueurs de l'Italie, que celui qui coulait dans les veines des intrépides phalanges que les premières années du siècle ont vues promenant leurs drapeaux dans toutes les capitales de l'Europe, ne succombant que par l'orgueil surhumain du Titan qui n'avait pas prévu que les forces de l'homme ne pouvaient prévaloir contre les puissances de la nature. J'ai, au contraire, la confiance ferme que la France humiliée d'aujourd'hui peut devenir la France du passé, cette France que Dieu avait choisie pour soldat de ses œuvres : *Gesta Dei per francos*, a dit un saint historien. Mais pour cela, il faut lui rendre son âme qu'elle a perdue, il faut la réveiller de cet engourdissement, de cette mollesse où cinquante ans de paix et de prospérité la faisaient sommeiller. Et c'est à vous, messieurs, les hommes de l'avenir, que va incomber cette grande tâche ; à vous en particulier qui m'écoutez, le devoir de relever l'esprit de l'armée, d'y fortifier l'ordre, le sentiment du respect, c'est-à-dire la discipline, d'y rétablir surtout la vigilance : « un seul homme qui veille, vaut plus de cent mille qui dorment, » a dit Carnot. Eh! qui a plus cruellement éprouvé que vous, la justesse de cette observation!

Du jour donc où vos pieds vont se poser de nouveau sur le sol de la France, vous devez travailler sans retard au relèvement de la patrie, vous devez vous mettre à l'œuvre avec un dévouement qui ne compte pas, avec une persévérance que rien ne détourne. Et pour cette œuvre toute de patriotisme, quel plus parfait modèle pouvait être offert à votre esprit, que ce grand citoyen qui possédait au suprême degré l'amour sacré de la patrie? Le jour de la réparation viendra tôt ou tard. Ce sera pour tous un grand jour d'épreuves. Et il m'a semblé que dans les circonstances difficiles qui vous attendent, ou même dans les journées seulement laborieuses, le souvenir de cette réunion, du lieu surtout où nous sommes, que l'image présente de cette vie de dévouement et de sacrifices que je viens de vous raconter, étaient faits pour donner du ressort à vos âmes, pour prévenir des défaillances. Voilà pourquoi j'ai parlé.

Paris. — Typ. Ch. Unsinger, 83, rue du Bac.

www.ingramcontent.com/pod-product-compliance
Ingram Content Group UK Ltd.
Pitfield, Milton Keynes, MK11 3LW, UK
UKHW022002260726
13994UKWH00004B/1909

9 782329 376608